頭《あたま》にしみこむ
＼メモリータイム！／

寝《ね》る前《まえ》5分《ふん》
暗《あん》記《き》ブック

Gakken

もくじ

★理《り》科《か》

★社会《しゃかい》

★ 国語《こくご》 ※国語は後《うし》ろがわからはじまります。

この　本《ほん》の　とく長《ちょう》と　つかい方《かた》

★この　本《ほん》の　とく長《ちょう》

寝《ね》る　前《まえ》に　たのしく　べんきょうできる！

寝《ね》る 前《まえ》に おぼえた ことは わすれにくいと 言《い》われて います。
毎日《まいにち》 つづけましょう。

★この　本《ほん》の　つかい方《かた》

①「今夜《こんや》 おぼえること」を おんどくしましょう。
②「今夜《こんや》の おさらい」を 読《よ》みましょう。
赤《あか》フィルターを のせると，赤《あか》い 文字《もじ》が 見《み》えなく なります。
おぼえたか どうか チェックする ときに つかいましょう。

今夜《こんや》 おぼえること

2. たし算と　ひき算の　ひっ算①

★今夜おぼえること　おんどくしよう

たし算《ざん》，ひき算《ざん》の
ひっ算《さん》は，くらいを　たてに
そろえて　書《か》こう。
計算《けいさん》は　一《いち》のくらいから！

どこから　たすんだっけ？
56 + − 23
56
+ 23
ここから
だよ！
ひき算も
いっしょさ！
イチノクライダー

9

今夜《こんや》の おさらい

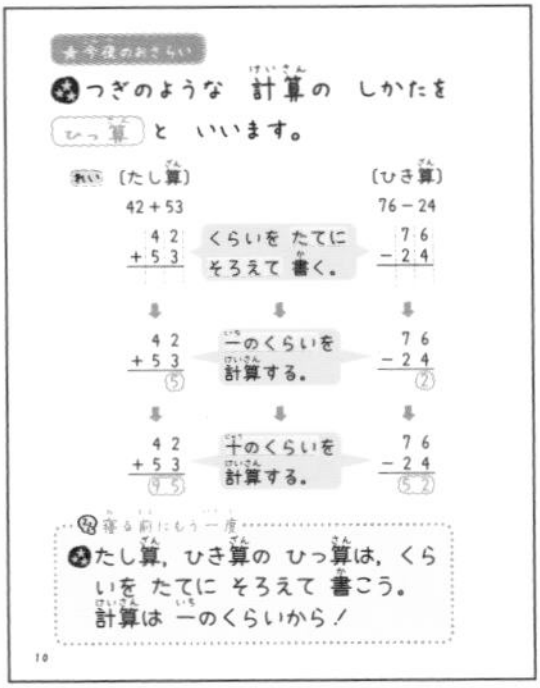

★今夜のおさらい

つぎのような 計算《けいさん》の しかたを
ひっ算 と いいます。

れい　〔たし算《ざん》〕　42 + 53　　〔ひき算《ざん》〕　76 − 24

くらいを たてに そろえて 書《か》く。
↓
一《いち》のくらいを 計算《けいさん》する。　42 + 53 → 5　　76 − 24 → 2
↓
十《じゅう》のくらいを 計算《けいさん》する。　42 + 53 → 95　　76 − 24 → 52

寝る前にもう一度

たし算《ざん》，ひき算《ざん》の ひっ算《さん》は，くらいを たてに そろえて 書《か》こう。
計算《けいさん》は 一《いち》のくらいから！

10

★今夜《こんや》おぼえること　おんどくしよう

★しらべた　数《かず》、

ひょうや　グラフに

まとめて　すっきり。

アンケートとったよ！
ぼくの かっこいいところ
数(人) 4 2 3 2 1
ビッシリ
うわっ

★今夜《こんや》のおさらい

しらべた　数《かず》は，ひょうや グラフに　あらわすと，わかりやすく　なります。

れい　〔ひょう〕　すきな　あそび

あそび	ぶらんこ	なわとび	てつぼう	一《いち》りん車《しゃ》
人数《にんずう》(人《にん》)	4	5	3	2

〔グラフ〕
すきな　あそび

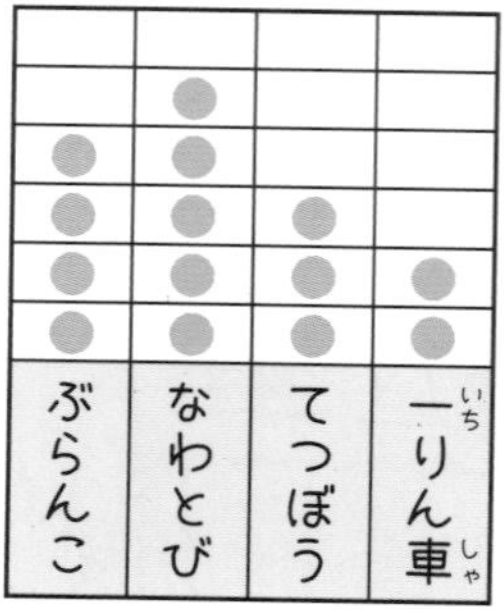

ひょうは，数《かず》が わかりやすい。

グラフは，数《かず》の 多《おお》い 少《すく》ないが わかりやすい。

寝《ね》る前《まえ》にもう一度《いちど》

しらべた 数《かず》，ひょうや グラフに まとめて すっきり。

★今夜《こんや》おぼえること　おんどくしよう

たし算《ざん》，ひき算《ざん》の
ひっ算《さん》は，くらいを　たてに
そろえて　書《か》こう。
計算《けいさん》は　一《いち》のくらいから！

どこから たすんだっけ？
56 +
− 23
56
+ 23
1
ここから
だよ！
ひき算も
いっしょさ！
イチノク
ライダー

★今夜《こんや》のおさらい

つぎのような 計算《けいさん》の しかたを ひっ算《さん》と いいます。

れい 〔たし算《ざん》〕

42＋53

$$\begin{array}{r} 4\ 2 \\ +\ 5\ 3 \\ \hline \end{array}$$

〔ひき算《ざん》〕

76－24

$$\begin{array}{r} 7\ 6 \\ -\ 2\ 4 \\ \hline \end{array}$$

くらいを たてに そろえて 書《か》く。

↓

$$\begin{array}{r} 4\ 2 \\ +\ 5\ 3 \\ \hline 5 \end{array}$$

$$\begin{array}{r} 7\ 6 \\ -\ 2\ 4 \\ \hline 2 \end{array}$$

一《いち》のくらいを計算《けいさん》する。

↓

$$\begin{array}{r} 4\ 2 \\ +\ 5\ 3 \\ \hline 9\ 5 \end{array}$$

$$\begin{array}{r} 7\ 6 \\ -\ 2\ 4 \\ \hline 5\ 2 \end{array}$$

十《じゅう》のくらいを計算《けいさん》する。

寝《ね》る前《まえ》にもう一度《いちど》

たし算《ざん》，ひき算《ざん》の ひっ算《さん》は，くらいを たてに そろえて 書《か》こう。
計算《けいさん》は 一《いち》のくらいから！

★今夜《こんや》おぼえること

おんどくしよう

たした　数《かず》が　10を
こえたら、上《うえ》の　くらいに
1　くり上《あ》げる。
ひく　数《かず》が　ひけない
ときは、上《うえ》の　くらいから
1　くり下《さ》げる。

★今夜《こんや》のおさらい

たし算《ざん》で，一《いち》のくらいを　たして
10を　こえたら，十《じゅう》のくらいに
1 くり上《あ》げます。

ひき算《ざん》で，一《いち》のくらいが
ひけない　ときは，十《じゅう》のくらいから
1 くり下《さ》げます。

れい

〔たし算《ざん》〕

1 くり上《あ》げる

```
   1
   3 8
 + 2 7    ①8 + 7 = 15
 -----
   6 5
```

②1 + 3 + 2 = 6

〔ひき算《ざん》〕

1 くり下《さ》げる

```
   8
   9̸ 2
 - 6 5    ①12 - 5 = 7
 -----
   2 7
```

②8 − 6 = 2

寝《ね》る前《まえ》にもう一度《いちど》

たした数《かず》が 10を　こえたら，上《うえ》の　くらいに 1 くり上《あ》げる。
ひく数《かず》が　ひけない　ときは，上《うえ》の　くらいから 1 くり下《さ》げる。

算数

★今夜《こんや》おぼえること

おんどくしよう

cm《センチメートル》と mm《ミリメートル》は、

長《なが》さの たんい。

1cm《センチメートル》は 10mm《ミリメートル》。

1mm 1mm 1mm 1mm 1mm 1mm 1mm 1mm 1mm 1mm
1cm
ありが10ぴきで "ありがとう!"ってね!
さむっ!

★今夜《こんや》のおさらい

長《なが》さの　たんいには、
cm《センチメートル》と　mm《ミリメートル》が　あります。

1cm《センチメートル》＝ 10 mm《ミリメートル》

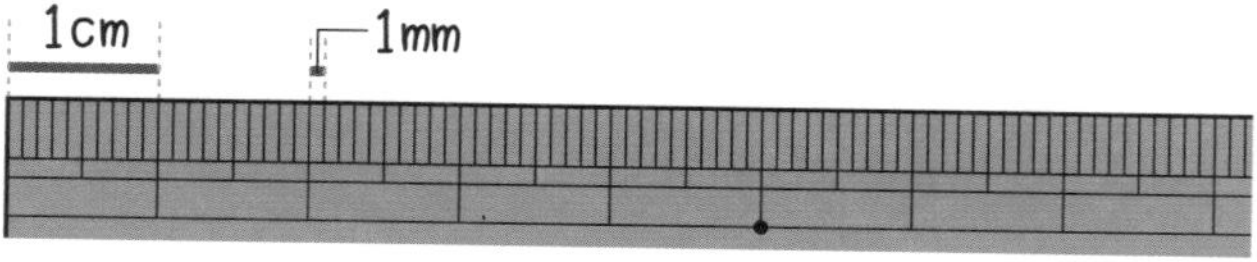

長《なが》さの　たし算《ざん》、ひき算《ざん》は、
同《おな》じ　たんい　どうしの　数《かず》を
計算《けいさん》します。

れい　2cm4mm ＋ 3cm ＝ 5 cm4mm

9cm6mm － 2cm ＝ 7 cm6mm

寝《ね》る前《まえ》にもう一度《いちど》

cm《センチメートル》と　mm《ミリメートル》は、長《なが》さの
たんい。1cm《センチメートル》は　10mm《ミリメートル》。

5. 100より　大《おお》きい　数《かず》の　しくみ

□　月　日
□　月　日

算数

★今夜《こんや》おぼえること

おんどくしよう

100が　2こで　二百《にひゃく》,
(200)

3こで　三百《さんびゃく》。
(300)

10こ　あつめると　千《せん》。
(1000)

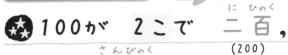

★今《こん》夜《や》のおさらい

★100を　2こ　あつめた　数《かず》を
二《に》百《ひゃく》と　いいます。

二《に》百《ひゃく》四《よん》十《じゅう》三《さん》は，100を　2　こ，
10を　4　こ，　1を　3　こ
あわせた　数《かず》です。

二百《にひゃく》	四十《よんじゅう》	三《さん》
100　100	10　10　10　10	1　1　1
百《ひゃく》のくらい	十《じゅう》のくらい	一《いち》のくらい
2	4	3

数字《すうじ》で
書《か》くと
243

100を　10こ　あつめた　数《かず》を
千《せん》と　いい，　1000　と　書《か》きます。

寝《ね》る前《まえ》にもう一度《いちど》

★100が　2こで　二《に》百《ひゃく》，
3こで　三《さん》百《びゃく》。
10こ　あつめると　千《せん》。

★今夜《こんや》おぼえること　おんどくしよう

数《かず》の　大小《だいしょう》　あらわす

しるし、ひらいた　ほうが

大《おお》きいよ。

524 >《大なり》 436、 436 <《小なり》 524

(524は　436より　大《おお》きい。)(436は　524より　小《ちい》さい。)

こっちのほうが大きいガォ〜〜ッ!

★今夜《こんや》のおさらい

数《かず》の 大小《だいしょう》は，大《おお》きい くらいの 数字《すうじ》から じゅんに くらべます。

>，<の しるしで，大小《だいしょう》を あらわします。

大《だい》 > 小《しょう》

小《しょう》 < 大《だい》

れい 729と 738

7 2 9
7 3 8

同《おな》じ　3は 2より 大《おお》きい

↓

729 < 738

もんだい あてはまる >，<を 答《こた》えましょう。

385 < 421　854 > 846

寝《ね》る前《まえ》にもう一度《いちど》

数《かず》の 大小《だいしょう》 あらわす しるし，ひらいた ほうが 大《おお》きいよ。

524 > 436，436 < 524

算数

★今夜《こんや》おぼえること　おんどくしよう

L《リットル》，dL《デシリットル》，mL《ミリリットル》は，

かさの　たんい。

1L《リットル》は　10dL《デシリットル》，

1L《リットル》は　1000mL《ミリリットル》。

★今夜《こんや》のおさらい

かさの　たんいには、
L《リットル》、dL《デシリットル》、mL《ミリリットル》が　あります。

1L《リットル》＝（10）dL《デシリットル》

1dL《デシリットル》＝（100）mL《ミリリットル》

1L《リットル》＝（1000）mL《ミリリットル》

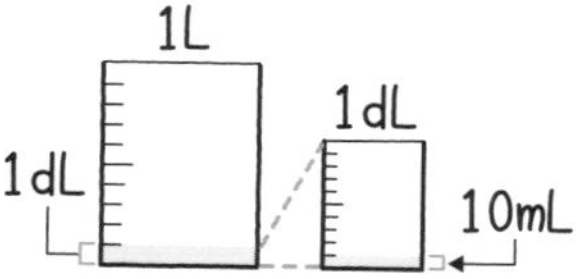

かさの　たし算《ざん》、ひき算《ざん》は、
同《おな》じ（たんい）どうしの　数《かず》を
計算《けいさん》します。

れい　1L5dL＋2L＝（3）L5dL

5L7dL−3dL＝5L（4）dL

寝《ね》る前《まえ》にもう一度《いちど》

L《リットル》、dL《デシリットル》、mL《ミリリットル》は、
かさの　たんい。
1L《リットル》は　10dL《デシリットル》、1L《リットル》は　1000mL《ミリリットル》。

□ 月 日
□ 月 日

★ 今夜《こんや》おぼえること　おんどくしよう

1時間《じかん》は　60分《ぷん》。

1日《にち》は　24時間《じかん》。

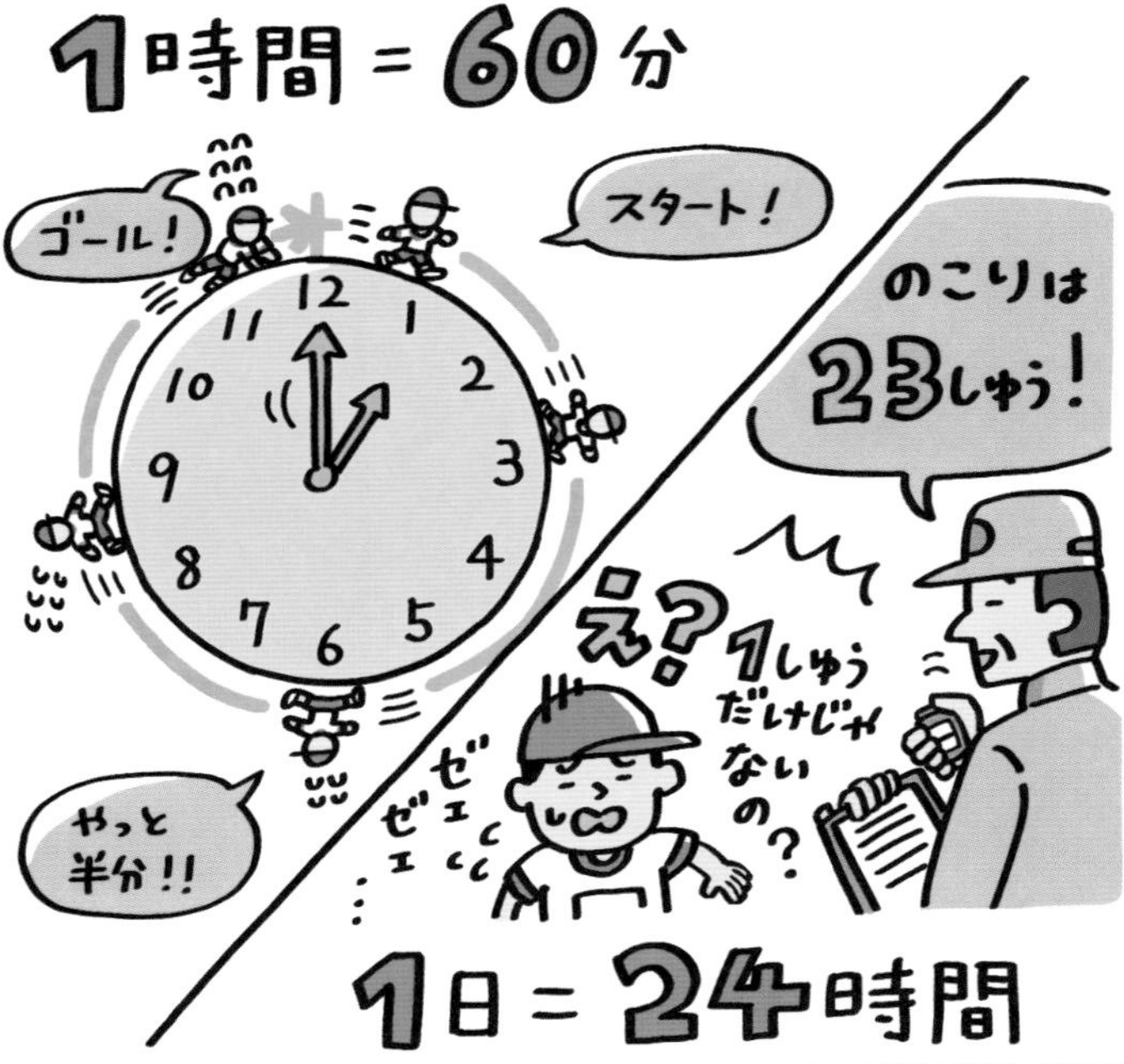

★今夜《こんや》のおさらい

時計《とけい》の 長《なが》い はりが 1まわりする 時間《じかん》は 1時間《じかん》です。

1時間《じかん》＝ 60 分《ぷん》

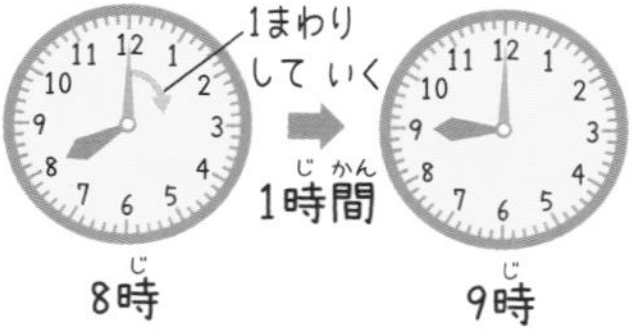

1まわり
していく
1時間《じかん》
8時《じ》
9時《じ》

午前《ごぜん》、午後《ごご》は、それぞれ 12 時間《じかん》です。

1日《にち》＝ 24 時間《じかん》

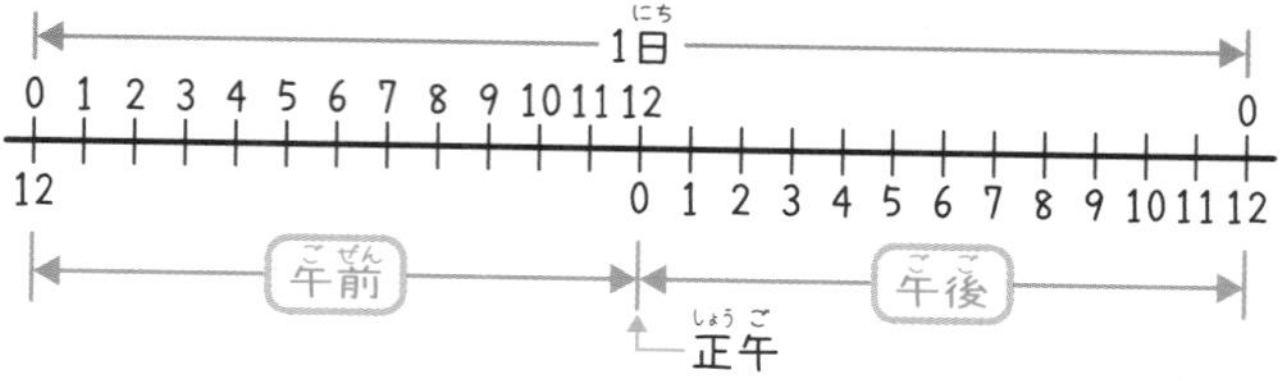

1日《にち》
0 1 2 3 4 5 6 7 8 9 10 11 12
0
12
0 1 2 3 4 5 6 7 8 9 10 11 12
午前《ごぜん》
午後《ごご》
正午《しょうご》

寝《ね》る前《まえ》にもう一度《いちど》

1時間《じかん》は 60分《ぷん》。
1日《にち》は 24時間《じかん》。

時計《とけい》の
読《よ》み方《かた》
カンペキ！

★ 今夜《こんや》おぼえること　おんどくしよう

しきに　（　）《かっこ》が　ある

ときは、（　）《かっこ》の　中《なか》を

まず　計算《けいさん》。

18+(6+4)
ここから
だよ！
また出た！
カッコカ
ライダー

★今夜《こんや》のおさらい

1つの　しきでは、(　)《かっこ》の中《なか》を　先《さき》に　計算《けいさん》します。
たし算《ざん》では、たす　じゅんじょを　かえても、答《こた》えは　同《おな》じです。

れい　$18+7+3 = \boxed{25}+3 = 28$

左《ひだり》から　じゅんに　計算《けいさん》。　同《おな》じ　答《こた》え

$18+(7+3) = 18+\boxed{10} = 28$

(　)《かっこ》の　中《なか》を　先《さき》に　計算《けいさん》。

もんだい　計算《けいさん》を　しましょう。

$26+18+2 = 26+(\boxed{18}+2)$

$= 26+\boxed{20}$

$= \boxed{46}$

寝《ね》る前《まえ》にもう一度《いちど》

しきに　(　)《かっこ》が　ある　ときは、(　)《かっこ》の　中《なか》を　まず　計算《けいさん》。

10. 100より 大《おお》きく なる たし算《ざん》

□ 月 日
□ 月 日

★今夜《こんや》おぼえること

おんどくしよう

十《じゅう》のくらいの 計算《けいさん》で、

答《こた》えが 10を こえたなら、

百《ひゃく》のくらいに

1 くり上《あ》げる。

★今夜《こんや》のおさらい

十《じゅう》のくらいで　くり上《あ》がりのある　たし算《ざん》も，一《いち》のくらいのときと　同《おな》じように　考《かんが》えて，百《ひゃく》のくらいに　1　くり上《あ》げます。

れい

$$\begin{array}{r} 72 \\ +\ 54 \\ \hline 126 \end{array}$$

①2＋4＝6

②7＋5＝12

1　くり上《あ》げる

$$\begin{array}{r} {}^{1}\quad \\ 68 \\ +\ 95 \\ \hline 163 \end{array}$$

1　くり上《あ》げる

①8＋5＝13

②1＋6＋9＝16

1　くり上《あ》げる

くり上《あ》がりが　2回《かい》つづく　計算《けいさん》。

寝《ね》る前《まえ》にもう一度《いちど》

十《じゅう》のくらいの　計算《けいさん》で，答《こた》えが　10を　こえたなら，百《ひゃく》のくらいに　1　くり上《あ》げる。

★今夜《こんや》おぼえること

おんどくしよう

十《じゅう》のくらいで

ひけない ときは、

百《ひゃく》のくらいから

1 くり下《さ》げる。

★今夜《こんや》のおさらい

百《ひゃく》のくらいからの　くり下《さ》がりが　ある　ひき算《ざん》も、十《じゅう》のくらいからのくり下《さ》がりと　同《おな》じように　考《かんが》えて　計算《けいさん》できます。

れい

1 くり下《さ》げる

147
－ 52
95

①7－2＝5

②14－5＝9

1 くり下《さ》げる

3

142
－ 69
73

①12－9＝3

②13－6＝7

くり下《さ》がりが　2回《かい》
つづく　計算《けいさん》。

寝《ね》る前《まえ》にもう一度《いちど》

十《じゅう》のくらいで
ひけない　ときは、
百《ひゃく》のくらいから
1 くり下《さ》げる。

大《おお》きい　数《かず》も
がんばる！

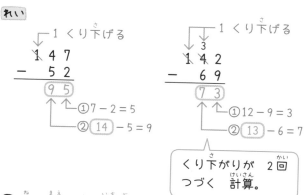

12. 三角形《さんかくけい》と　四角形《しかくけい》

□　　月　　日
□　　月　　日

★今夜《こんや》おぼえること　おんどくしよう

直線《ちょくせん》で　かこんだ　形《かたち》。

直線《ちょくせん》　3本《ぼん》なら　三角形《さんかくけい》。

4本《ほん》なら　四角形《しかくけい》。

★今夜《こんや》のおさらい

★3本《ぼん》の 直線《ちょくせん》で かこまれた 形《かたち》を 三角形《さんかくけい》，4本《ほん》の 直線《ちょくせん》で かこまれた 形《かたち》を 四角形《しかくけい》と いいます。

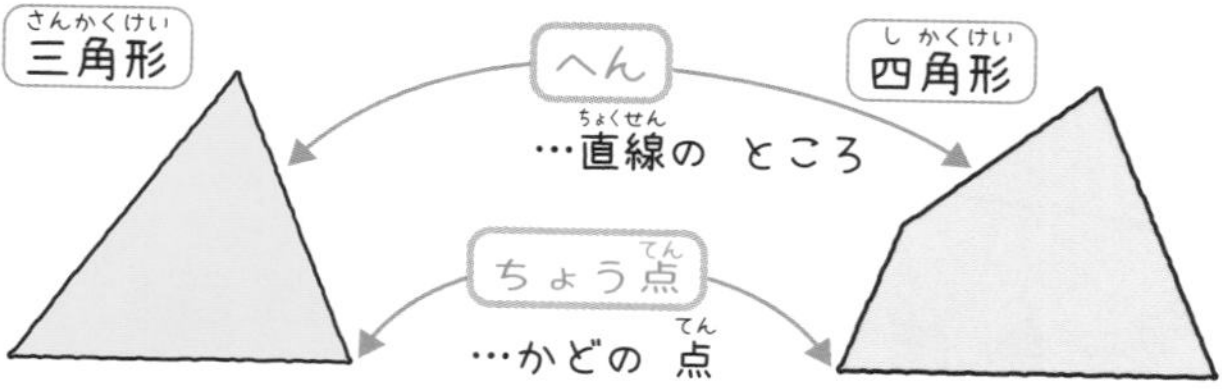

三角形《さんかくけい》
四角形《しかくけい》
へん
…直線《ちょくせん》の ところ
ちょう点《てん》
…かどの 点《てん》

・三角形《さんかくけい》は，へんも ちょう点《てん》も 3 つ。
・四角形《しかくけい》は，へんも ちょう点《てん》も 4 つ。

寝《ね》る前《まえ》にもう一度《いちど》

★直線《ちょくせん》で かこんだ 形《かたち》。直線《ちょくせん》 3本《ぼん》なら 三角形《さんかくけい》，4本《ほん》なら 四角形《しかくけい》。

直線《ちょくせん》の 数《かず》の ちがいだね。

□　月　日
□　月　日

★今夜《こんや》おぼえること　おんどくしよう

4つの　かどが　みんな

直角《ちょっかく》，長方形《ちょうほうけい》。

へんの　長《なが》さも　みんな

同《おな》じなら　正方形《せいほうけい》。

★今夜《こんや》のおさらい

長方形《ちょうほうけい》は、4つの かどが みんな 直角《ちょっかく》です。

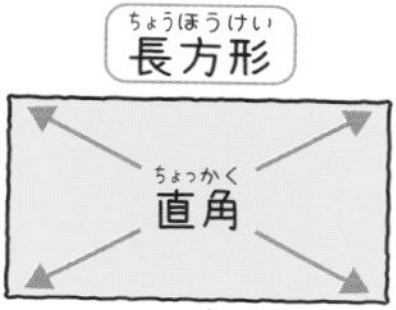

▲むかい合《あ》う へんの 長《なが》さは 同《おな》じ。

正方形《せいほうけい》は、4つの かどが みんな 直角《ちょっかく》で、4つの へんの 長《なが》さが みんな 同《おな》じです。

▲4つの へんの 長《なが》さは 同《おな》じ。

寝《ね》る前《まえ》にもう一度《いちど》

4つの かどが みんな
直角《ちょっかく》、長方形《ちょうほうけい》。
へんの 長《なが》さも
みんな 同《おな》じなら
正方形《せいほうけい》。

★今夜《こんや》おぼえること

おんどくしよう

同《おな》じ 大《おお》きさに、
2つに 分《わ》けた 1つ分《ぶん》は
二分《にぶん》の一《いち》、3つに 分《わ》けた
1つ分《ぶん》は 三分《さんぶん》の一《いち》。

★今夜《こんや》のおさらい

もとの　大《おお》きさを　同《おな》じように　2つに　分《わ》けた　1つ分《ぶん》を，もとの　大《おお》きさの　二《に》分《ぶん》の一《いち》　と　いい，$\frac{1}{2}$　と　書《か》きます。

れい

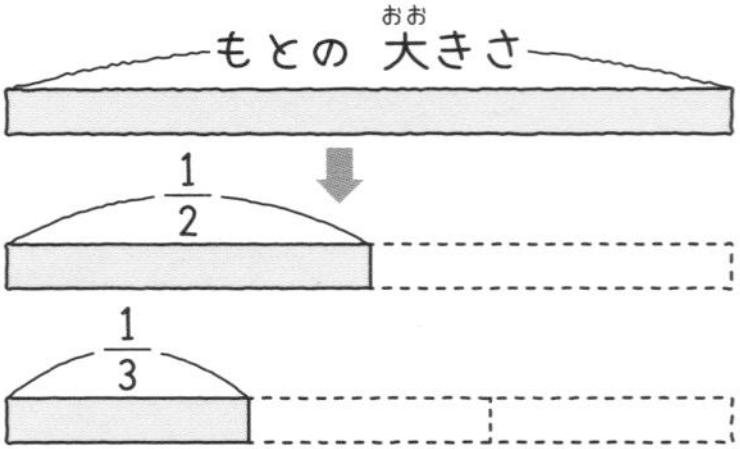

$\frac{1}{2}$ や $\frac{1}{3}$ のような　数《かず》を　分数《ぶんすう》　という。

寝《ね》る前《まえ》にもう一度《いちど》

同《おな》じ　大《おお》きさに，2つに　分《わ》けた
1つ分《ぶん》は　二分《にぶん》の一《いち》，
3つに　分《わ》けた
1つ分《ぶん》は　三分《さんぶん》の一《いち》。

★今夜《こんや》おぼえること　おんどくしよう

5のだんの　九九《くく》

五《ご》一《いち》が　5《ご》

五《ご》二《に》　10《じゅう》

五《ご》三《さん》　15《じゅうご》

五《ご》四《し》　20《にじゅう》

五《ご》五《ご》　25《にじゅうご》

五《ご》六《ろく》　30《さんじゅう》

五《ご》七《しち》　35《さんじゅうご》

五《ご》八《は》　40《しじゅう》

五九《ごっく》　45《しじゅうご》

ぎゅうにゅう
ごっくごっく
(5×9)
45 はい

★今夜《こんや》のおさらい

5のだんの 九《く》九《く》では、
かける数《かず》が 1 ふえると、
答《こた》えは 5 ふえます。

$5 \times 1 = 5$

$5 \times 2 = 10$

$5 \times 3 = 15$

$5 \times 4 = 20$

$5 \times 5 = 25$

$5 \times 6 = 30$

$5 \times 7 = 35$

$5 \times 8 = 40$

$5 \times 9 = 45$

↑かける数《かず》（いくつ分《ぶん》）

↑かけられる数《かず》（1つ分《ぶん》の 数《かず》）

寝《ね》る前《まえ》にもう一度《いちど》

5のだんの 九《く》九《く》

五《ご》一《いち》が 5《ご》, 五《ご》二《に》 10《じゅう》,
五《ご》三《さん》 15《じゅうご》, 五《ご》四《し》 20《にじゅう》,
五《ご》五《ご》 25《にじゅうご》, 五《ご》六《ろく》 30《さんじゅう》,
五《ご》七《しち》 35《さんじゅうご》, 五《ご》八《は》 40《しじゅう》,
五九《ごっく》 45《しじゅうご》

九《く》九《く》は、5×1、5×2、…のような かけ算《ざん》の 答《こた》えを おぼえる いいかただよ。

16. 2のだんの　九《く》九《く》　□　月　日　□　月　日

★今夜《こんや》おぼえること　おんどくしよう

2のだんの　九《く》九《く》

二《に》　一《いち》が　2《に》

二《に》　二《にん》が　4《し》

二《に》　三《さん》が　6《ろく》

二《に》　四《し》が　8《はち》

二《に》　五《ご》　10《じゅう》

二《に》　六《ろく》　12《じゅうに》

二《に》　七《しち》　14《じゅうし》

二《に》　八《はち》　16《じゅうろく》

二《に》　九《く》　18《じゅうはち》

にしくん

（2×4）

ハチこわい

（=8）

★今夜《こんや》のおさらい

2のだんの 九九《くく》の 答《こた》えは、
[2] ずつ ふえて います。

$2 \times 1 = \boxed{2}$

$2 \times 2 = \boxed{4}$

$2 \times 3 = \boxed{6}$

$2 \times 4 = \boxed{8}$

$2 \times 5 = \boxed{10}$

$2 \times 6 = \boxed{12}$

$2 \times 7 = \boxed{14}$

$2 \times 8 = \boxed{16}$

$2 \times 9 = \boxed{18}$

寝《ね》る前《まえ》にもう一度《いちど》

2のだんの 九九《くく》

二一《にいち》が 2《に》、 二二《ににん》が 4《し》、
二三《にさん》が 6《ろく》、 二四《にし》が 8《はち》、
二五《にご》 10《じゅう》、 二六《にろく》 12《じゅうに》、
二七《にしち》 14《じゅうし》、 二八《にはち》 16《じゅうろく》、
二九《にく》 18《じゅうはち》

□　月　日
□　月　日

★今夜《こんや》おぼえること

おんどくしよう

3のだんの　九《く》九《く》

三《さん》一《いち》が　3《さん》

三《さん》二《に》が　6《ろく》

三《さ》三《ざん》が　9《く》

三《さん》四《し》　12《じゅうに》

三《さん》五《ご》　15《じゅうご》

三《さぶ》六《ろく》　18《じゅうはち》

三《さん》七《しち》　21《にじゅういち》

三《さん》八《ぱ》　24《にじゅうし》

三《さん》九《く》　27《にじゅうしち》

サバ煮《に》
(3×8)
ジューシー
(=24)

★今《こん》夜《や》のおさらい

3のだんの　九九《くく》の　答《こた》えは，

3　ずつ　ふえて　います。

3×1＝ 3	3×6＝ 18
3×2＝ 6	3×7＝ 21
3×3＝ 9	3×8＝ 24
3×4＝ 12	3×9＝ 27
3×5＝ 15	

寝《ね》る前《まえ》にもう一度《いちど》

3のだんの　九九《くく》

三一《さんいち》が 3《さん》，三二《さんに》が 6《ろく》，
三三《さざん》が 9《く》，三四《さんし》 12《じゅうに》，
三五《さんご》 15《じゅうご》，三六《さぶろく》 18《じゅうはち》，
三七《さんしち》 21《にじゅういち》，三八《さんぱ》 24《にじゅうし》，
三九《さんく》 27《にじゅうしち》

少《すこ》し　むずかしく
なって　きたけど
がんばろう。

★今夜《こんや》おぼえること

おんどくしよう

4のだんの　九《く》九《く》

四《し》一《いち》が　4《し》

四《し》二《に》が　8《はち》

四《し》三《さん》　12《じゅうに》

四《し》四《し》　16《じゅうろく》

四《し》五《ご》　20《にじゅう》

四《し》六《ろく》　24《にじゅうし》

四《し》七《しち》　28《にじゅうはち》

四《し》八《は》　32《さんじゅうに》

四《し》九《く》　36《さんじゅうろく》

しっし、
(4×4)
16かん

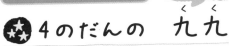

★今《こん》夜《や》のおさらい

4のだんの 九九《くく》の 答《こた》えは,

[4] ずつ ふえて います。

4×1＝[4]	4×6＝[24]
4×2＝[8]	4×7＝[28]
4×3＝[12]	4×8＝[32]
4×4＝[16]	4×9＝[36]
4×5＝[20]	

寝《ね》る前《まえ》にもう一度《いちど》

4のだんの 九九《くく》

四一《しいち》が 4, 四二《しに》が 8《はち》,
四三《しさん》 12《じゅうに》, 四四《しし》 16《じゅうろく》,
四五《しご》 20《にじゅう》, 四六《しろく》 24《にじゅうし》,
四七《ししち》 28《にじゅうはち》, 四八《しは》 32《さんじゅうに》,
四九《しく》 36《さんじゅうろく》

四《し》と 七《しち》は, 言《い》い まちがえしやすいので, 気《き》を つけよう。

★今夜《こんや》おぼえること　おんどくしよう

6のだんの　九《く》九《く》

六一《ろくいち》が　6《ろく》

六二《ろくに》　12《じゅうに》

六三《ろくさん》　18《じゅうはち》

六四《ろくし》　24《にじゅうし》

六五《ろくご》　30《さんじゅう》

六六《ろくろく》　36《さんじゅうろく》

六七《ろくしち》　42《しじゅうに》

六八《ろくは》　48《しじゅうはち》

六九《ろっく》　54《ごじゅうし》

ろくに
（6×2）
じゅうじゅう
（=12）にえん

★今夜《こんや》のおさらい

6のだんの　九《く》九《く》の　答《こた》えは、
［6］ずつ　ふえて　います。

$6 \times 1 =$ ［6］

$6 \times 2 =$ ［12］

$6 \times 3 =$ ［18］

$6 \times 4 =$ ［24］

$6 \times 5 =$ ［30］

$6 \times 6 =$ ［36］

$6 \times 7 =$ ［42］

$6 \times 8 =$ ［48］

$6 \times 9 =$ ［54］

寝《ね》る前《まえ》にもう一度《いちど》

6のだんの　九《く》九《く》

六一《ろくいち》が 6《ろく》,　六二《ろくに》 12《じゅうに》,
六三《ろくさん》 18《じゅうはち》,　六四《ろくし》 24《にじゅうし》,
六五《ろくご》 30《さんじゅう》,　六六《ろくろく》 36《さんじゅうろく》,
六七《ろくしち》 42《しじゅうに》,　六八《ろくは》 48《しじゅうはち》,
六九《ろっく》 54《ごじゅうし》

数《かず》が 大《おお》きいけど
何回《なんかい》も となえて
おぼえよう！

★今夜《こんや》おぼえること

おんどくしよう

7のだんの　九九《くく》

七一《しちいち》が　7《しち》

七《しち》二《に》　14《じゅうし》

七三《しちさん》　21《にじゅういち》

七《しち》四《し》　28《にじゅうはち》

七《しち》五《ご》　35《さんじゅうご》

七六《しちろく》　42《しじゅうに》

七七《しちしち》　49《しじゅうく》

七《しち》八《は》　56《ごじゅうろく》

七《しち》九《く》　63《ろくじゅうさん》

七五三、
(7×5)
十五人
(=35)

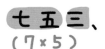

★今夜《こんや》のおさらい

7のだんの 九九《くく》の 答《こた》えは、
7 ずつ ふえて います。

7×1＝7
7×2＝14
7×3＝21
7×4＝28
7×5＝35
7×6＝42
7×7＝49
7×8＝56
7×9＝63

寝《ね》る前《まえ》にもう一度《いちど》

7のだんの 九九《くく》

七一《しちいち》が 7《しち》, 七二《しちに》 14《じゅうし》,
七三《しちさん》 21《にじゅういち》, 七四《しちし》 28《にじゅうはち》,
七五《しちご》 35《さんじゅうご》, 七六《しちろく》 42《しじゅうに》,
七七《しちしち》 49《しじゅうく》, 七八《しちは》 56《ごじゅうろく》,
七九《しちく》 63《ろくじゅうさん》

7のだんは
おぼえにくいけど
がんばろう！

21. 8のだんの　九九《くく》

□　月　日
□　月　日

★今夜《こんや》おぼえること

おんどくしよう

8のだんの　九九《くく》

八一《はちいち》が　8《はち》

八二《はちに》　16《じゅうろく》

八三《はちさん》　24《にじゅうし》

八四《はちし》　32《さんじゅうに》

八五《はちご》　40《しじゅう》

八六《はちろく》　48《しじゅうはち》

八七《はちしち》　56《ごじゅうろく》

八八《はっぱ》　64《ろくじゅうし》

八九《はっく》　72《しちじゅうに》

はし
(8×4)
ミニチュア
(=32)

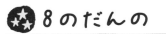

★今《こん》夜《や》のおさらい

8のだんの 九九《くく》の 答《こた》えは、

8 ずつ ふえて います。

8×1＝ 8	8×6＝ 48
8×2＝ 16	8×7＝ 56
8×3＝ 24	8×8＝ 64
8×4＝ 32	8×9＝ 72
8×5＝ 40	

寝《ね》る前《まえ》にもう一度《いちど》

8のだんの 九九《くく》

八一《はちいち》が 8《はち》, 八二《はちに》 16《じゅうろく》,
八三《はちさん》 24《にじゅうし》, 八四《はちし》 32《さんじゅうに》,
八五《はちご》 40《しじゅう》, 八六《はちろく》 48《しじゅうはち》,
八七《はちしち》 56《ごじゅうろく》, 八八《はっぱ》 64《ろくじゅうし》,
八九《はっく》 72《しちじゅうに》

九九《くく》も あと 少《すこ》し！
がんばってね。

22. 9のだんの　九九《くく》

□　月　日
□　月　日

★今夜《こんや》おぼえること

おんどくしよう

9のだんの　九九《くく》

九《く》一《いち》が　9《く》

九《く》二《に》　18《じゅうはち》

九《く》三《さん》　27《にじゅうしち》

九《く》四《し》　36《さんじゅうろく》

九《く》五《ご》　45《しじゅうご》

九《く》六《ろく》　54《ごじゅうし》

九《く》七《しち》　63《ろくじゅうさん》

九《く》八《は》　72《しちじゅうに》

九《く》九《く》　81《はちじゅういち》

くしの
（9×4）
わざをみろ！
（＝36）

算数

★今夜《こんや》のおさらい

9のだんの 九《く》九《く》の 答《こた》えは、
9 ずつ ふえて います。

9×1＝ 9	9×6＝ 54
9×2＝ 18	9×7＝ 63
9×3＝ 27	9×8＝ 72
9×4＝ 36	9×9＝ 81
9×5＝ 45	

寝《ね》る前《まえ》にもう一度《いちど》

9のだんの 九《く》九《く》
九《く》一《いち》が 9、九《く》二《に》 18《じゅうはち》、
九《く》三《さん》 27《にじゅうしち》、九《く》四《し》 36《さんじゅうろく》、
九《く》五《ご》 45《しじゅうご》、九《く》六《ろく》 54《ごじゅうし》、
九《く》七《しち》 63《ろくじゅうさん》、九《く》八《は》 72《しちじゅうに》、
九《く》九《く》 81《はちじゅういち》

★今夜《こんや》おぼえること

おんどくしよう

1のだんの 九《く》九《く》

一一《いんいち》が 1《いち》

一二《いんに》が 2《に》

一三《いんさん》が 3《さん》

一四《いんし》が 4《し》

一五《いんご》が 5《ご》

一六《いんろく》が 6《ろく》

一七《いんしち》が 7《しち》

一八《いんはち》が 8《はち》

一九《いんく》が 9《く》

インコの
(1×5)
カゴ
(=5)

★今夜《こんや》のおさらい

1のだんの　九《く》九《く》の　答《こた》えは、

1 ずつ　ふえて　います。

$1 \times 1 = 1$

$1 \times 2 = 2$

$1 \times 3 = 3$

$1 \times 4 = 4$

$1 \times 5 = 5$

$1 \times 6 = 6$

$1 \times 7 = 7$

$1 \times 8 = 8$

$1 \times 9 = 9$

寝《ね》る前《まえ》にもう一度《いちど》

1のだんの　九《く》九《く》

一一《いんいち》が 1《いち》,　一二《いんに》が 2《に》,

一三《いんさん》が 3《さん》,　一四《いんし》が 4《し》,

一五《いんご》が 5《ご》,　一六《いんろく》が 6《ろく》,

一七《いんしち》が 7《しち》,　一八《いんはち》が 8《はち》,

一九《いんく》が 9《く》

はじめの　一は
「いん」と　言《い》うん
だよ。

★今夜《こんや》おぼえること　おんどくしよう

m《メートル》は，長《なが》い　ものの
長《なが》さの　たんい。
1m《メートル》は　100cm《センチメートル》。

ギター
カピバラ
4さいぐらいの子ども
これらはだいたい
1mのものじゃ！
メートルはかせ

★今夜《こんや》のおさらい

長《なが》い ものの 長《なが》さの たんいには m《メートル》が あります。

1m《メートル》＝ 100 cm《センチメートル》

長《なが》い 長《なが》さの たし算《ざん》，ひき算《ざん》は，mどうし，cmどうしを 計算《けいさん》します。

れい

2m30cm ＋ 4m ＝ 6 m30cm

1m60cm ＋ 20cm ＝ 1m 80 cm

8m70cm － 50cm ＝ 8m 20 cm

寝《ね》る前《まえ》にもう一度《いちど》

m《メートル》は，長《なが》い ものの 長《なが》さの たんい。
1m《メートル》は 100cm《センチメートル》。

25. 1000より 大《おお》きい 数《かず》の しくみ

□ 月 日
□ 月 日

★今夜《こんや》おぼえること　おんどくしよう

1000が 2こで 二千《にせん》，(2000)
3こで 三千《さんぜん》。(3000)
10こ あつめると 一万《いちまん》。(10000)

★今《こん》夜《や》のおさらい

1000を　2こ　あつめた　数《かず》を二千《にせん》と　いいます。

二千三百十四《にせんさんびゃくじゅうよん》は、二千《にせん》と　三百十四《さんびゃくじゅうよん》をあわせた　数《かず》です。

二千《にせん》	三百《さんびゃく》	十《じゅう》	四《よん》
1000　1000	100　100 100	10	1　1 1　1
千《せん》のくらい	百《ひゃく》のくらい	十《じゅう》のくらい	一《いち》のくらい
2	3	1	4

数字《すうじ》で書《か》くと　2314

1000を　10こ　あつめた　数《かず》を一万《いちまん》と　いい、10000と　書《か》きます。

寝《ね》る前《まえ》にもう一度《いちど》

1000が 2こで 二千《にせん》、3こで三千《さんぜん》。10こ あつめると 一万《いちまん》。

算数

★今夜《こんや》おぼえること

おんどくしよう

面《めん》が 6つで へん 12、

ちょう点《てん》 8つで

はこの 形《かたち》。

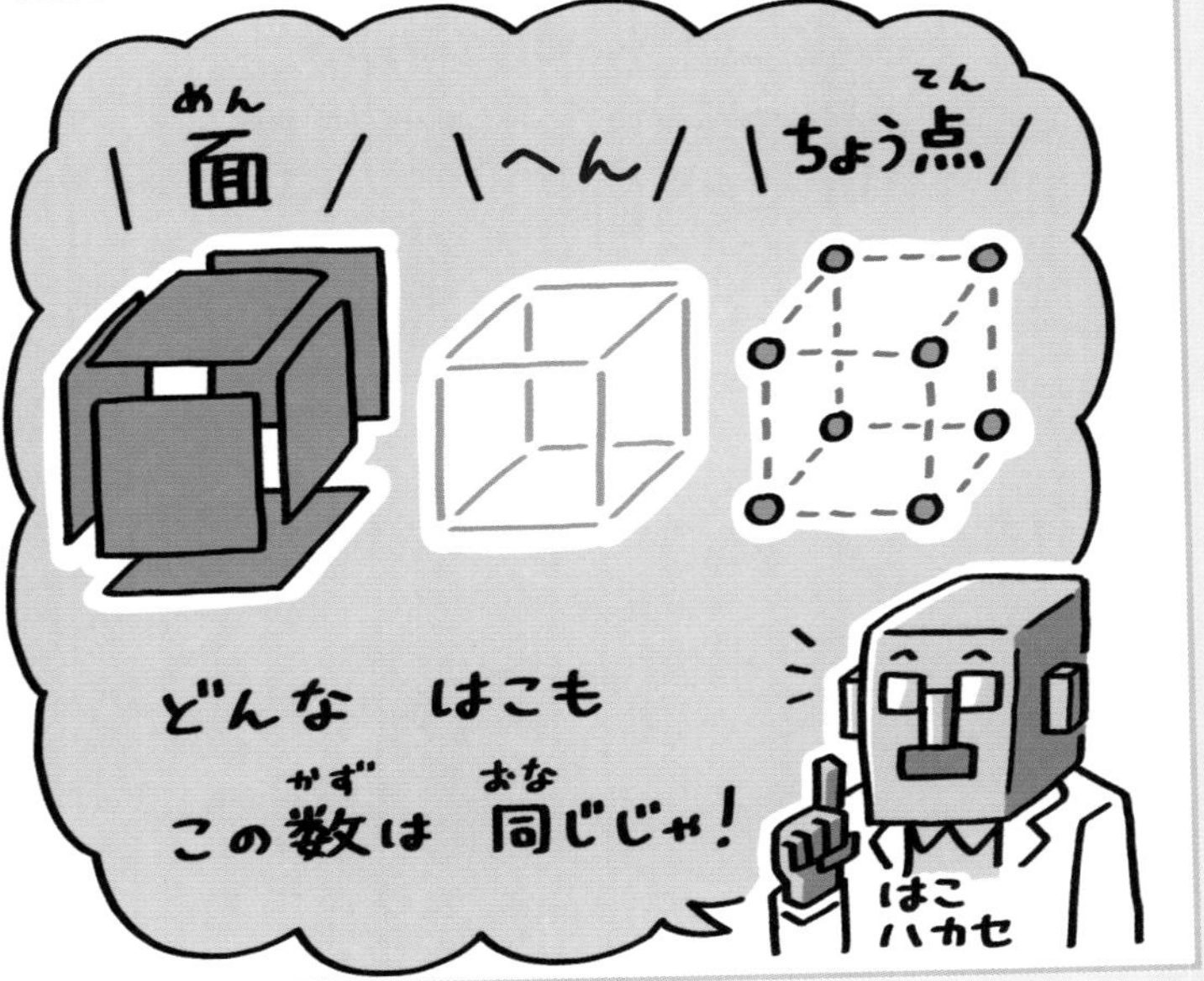
面《めん》
へん
ちょう点《てん》
どんな はこも
この数《かず》は 同《おな》じじゃ!
はこ
ハカセ

★今夜《こんや》のおさらい

はこの 形《かたち》には、面《めん》が 6 つ、へんが 12 、ちょう点《てん》が 8 つあります。

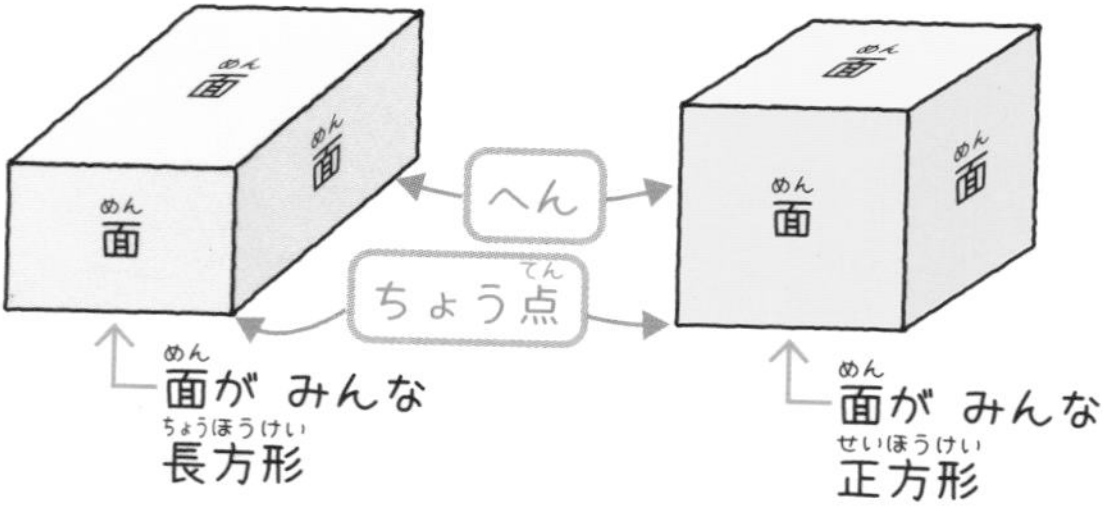

面《めん》
面《めん》
面《めん》
へん
ちょう点《てん》
面《めん》
面《めん》
面《めん》
面《めん》が みんな 長方形《ちょうほうけい》
面《めん》が みんな 正方形《せいほうけい》

面《めん》の 形《かたち》は、長方形《ちょうほうけい》や正方形《せいほうけい》で、むかい合《あ》う 面《めん》の形《かたち》は、同《おな》じです。

寝《ね》る前《まえ》にもう一度《いちど》

面《めん》が 6つで へん 12、ちょう点《てん》 8つではこの 形《かたち》。

面《めん》の 形《かたち》が ぜんぶ正方形《せいほうけい》だとさいころの 形《かたち》！

★今夜《こんや》おぼえること

おんどくしよう

生《い》きものを　かう　ときは、
入《い》れものを　そうじ　したり、
えさを　あげたり　して、
せわを　しよう。

理科

★今夜《こんや》のおさらい

ダンゴムシを　かう　ときは，土《つち》を　しめらせて，入《い》れものを日《ひ》かげに　おきます。えさは野《や》さいや　おちばを　あたえます。

じゅんび する もの

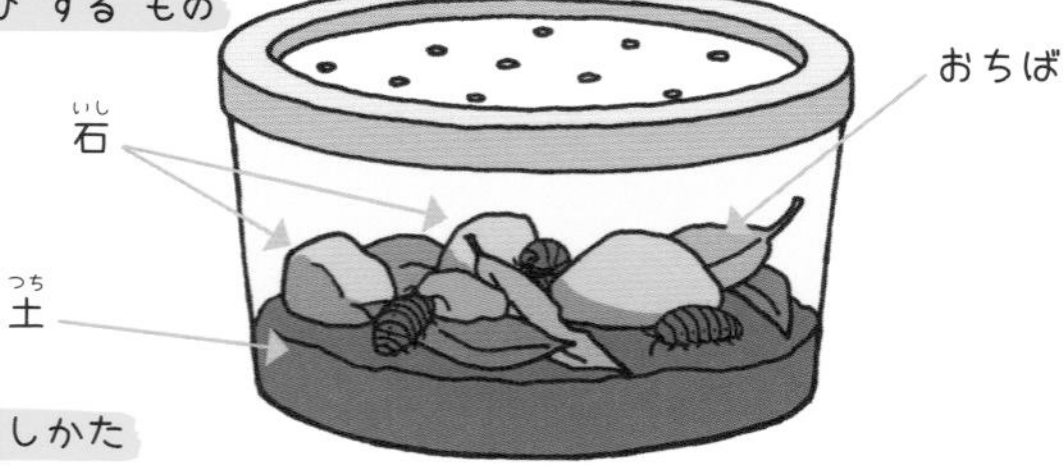

せわの しかた

①元気《げんき》に して いるか 毎日《まいにち》 見《み》る。
②えさを あたえる。土《つち》を しめらせる。
③入《い》れものが よごれて きたら，そうじをする。

寝《ね》る前《まえ》にもう一度《いちど》

生《い》きものを かう ときは，入《い》れものを そうじ したり，えさを あげたり して，せわを しよう。

2. 野《や》さいを　そだてよう

□　月　日
□　月　日

★今夜《こんや》おぼえること

おんどくしよう

野《や》さいを　そだてる

ときは、水《みず》を　やったり、

しちゅうを　立《た》てたり、

せわを　しよう。

理科

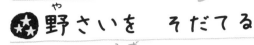

★今夜《こんや》のおさらい

野《や》さいを　そだてる　ときは，いろいろな　せわ　を　します。

せわの　しかた

土《つち》を　たがやす。

水《みず》　を　やる。

しちゅうを　立《た》てる。

草《くさ》を　とる　。

野《や》さいに　よっては，しちゅうの　いらない　ものも　あるよ。

寝《ね》る前《まえ》にもう一度《いちど》

野《や》さいを　そだてる　ときは，水《みず》を　やったり，しちゅうを　立《た》てたり，せわを　しよう。

□　月　日
□　月　日

★今夜《こんや》おぼえること

おんどくしよう

アメリカザリガニは
池《いけ》や　小川《おがわ》に、
カブトムシは　木《き》に、
オオカマキリは　草原《くさはら》に
いるよ。

★今夜《こんや》のおさらい

生《い》きものが　すんで　いる　ところは、生《い》きものに　よって　ちがいます。モンシロチョウや　ナナホシテントウは、花《はな》や　草《くさ》が　ある　ところに、オニヤンマは、川《かわ》の　近《ちか》くに　います。

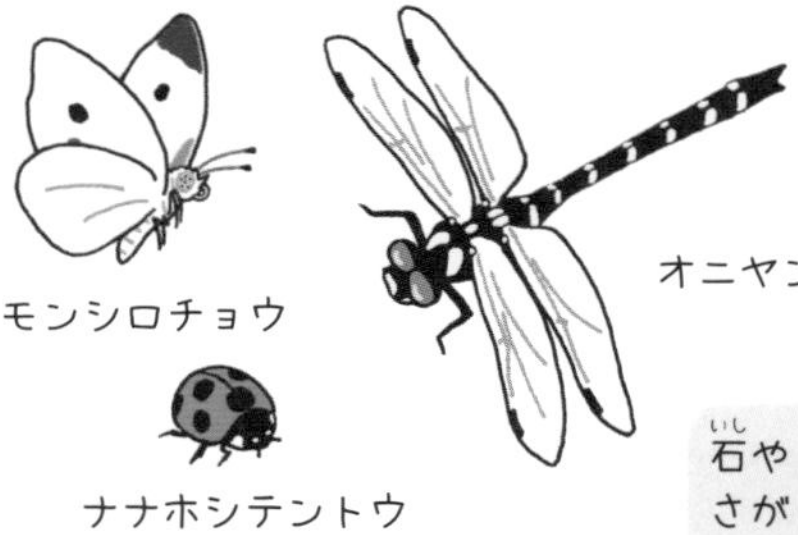

石《いし》や　おちばの　下《した》を
さがして　みよう！
どんな　生《い》きものが
いるかな？

寝《ね》る前《まえ》にもう一度《いちど》

アメリカザリガニは　池《いけ》や　小川《おがわ》に、カブトムシは　木《き》に、オオカマキリは　草原《くさはら》に　いるよ。

★今夜《こんや》おぼえること　おんどくしよう

春《はる》に　なえを　うえた

サツマイモ。

秋《あき》には　大《おお》きく　そだって

ほり出《だ》したよ。

★今夜《こんや》のおさらい

春《はる》に うえた サツマイモの なえは，
つる を どんどん のばして，秋《あき》には
大《おお》きく そだちました。ほった いもは
とても 大《おお》きく そだって いました。

もんだい 冬《ふゆ》でも そだつ 野《や》さいは どちらですか。
( )に ○を 書《か》きましょう。

①ハクサイ（○） ②スイカ（ ）

冬《ふゆ》に そだつ 野《や》さい

ブロッコリー，キャベツ，ダイコン

寝《ね》る前《まえ》にもう一度《いちど》

春《はる》に なえを うえた
サツマイモ。秋《あき》には 大《おお》きく
そだって ほり出《だ》したよ。

★今夜《こんや》おぼえること　おんどくしよう

日《ひ》なたの　地《じ》めんは
あたたかく，かわいて　いる。
日《ひ》かげの　地《じ》めんは
つめたく，しめって　いるよ。

★今夜《こんや》のおさらい

たいようの　光《ひかり》が　当《あ》たって　いる

日《ひ》なたの　地《じ》めんは，あたたかく，

かわいて　います。

たいようの　光《ひかり》が

当《あ》たって　いない

日《ひ》かげの　地《じ》め

んは，つめたく，

しめって　います。

寝《ね》る前《まえ》にもう一度《いちど》

日《ひ》かげ より
日《ひ》なたの ほうが
あたたかいね！

日《ひ》なたの　地《じ》めんは

あたたかく，かわいて　いる。

日《ひ》かげの　地《じ》めんは

つめたく，しめって　いるよ。

★今夜《こんや》おぼえること　おんどくしよう

ふくろに　空気《くうき》を

入《い》れて　ふくらませると、

ふくろを　とばして

あそべるよ。

★今夜《こんや》のおさらい

ビニールの　ふくろに　空気《くうき》　を　入《い》れて　ふくらませ，口《くち》を　とじると，ふくろを　手《て》で　はじいて　遠《とお》くまで　とばしたり，はずませたり　する　ことが　できます。

　ふくろが　ぱんぱんに　なるように　空気《くうき》を　入《い》れると，大《おお》きく　はずむ　ように　なります。

あそび方《かた》

①ふくろに 空気《くうき》を 入《い》れて，口《くち》を とじて なげる。

②だれが 遠《とお》くまで とばせたかな？

寝《ね》る前《まえ》にもう一度《いちど》

ふくろに 空気《くうき》を 入《い》れて ふくらませると，ふくろを とばして あそべるよ。

★今夜《こんや》おぼえること　おんどくしよう

風《かぜ》で　うごく　おもちゃは、
風《かぜ》の　強《つよ》さや
当《あ》たり方《かた》で　うごきが
かわるよ。

★今夜《こんや》のおさらい

ペットボトルで，風《かぜ》を　後《うし》ろから　当《あ》てると　うごく　おもちゃを　作《つく》って，うごき方《かた》を　しらべます。

①風《かぜ》が　強《つよ》い　。

よく　うごく。

②風《かぜ》が　弱《よわ》い　。

あまり　うごかない。

③風《かぜ》うけが
立《た》って　いる。

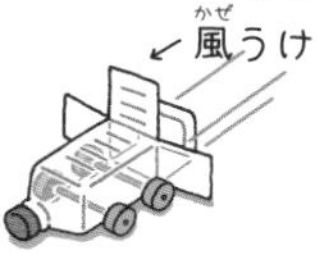

④風《かぜ》うけが
立《た》って　いない。

立《た》って　いる　ほうが，立《た》って　いない　ほうより，よく　うごく　。

寝《ね》る前《まえ》にもう一度《いちど》

**風《かぜ》で　うごく　おもちゃは，
風《かぜ》の　強《つよ》さや　当《あ》たり方《かた》で
うごきが　かわるよ。**

★今夜《こんや》おぼえること

おんどくしよう

サクラの　木《き》は、

春《はる》、夏《なつ》、秋《あき》、冬《ふゆ》と

きせつに　よって、

ようすが　ちがって　いるよ。

んもうっ！
お花《はな》ちゃん　はやく
さかないかしらっ

理科

★今夜《こんや》のおさらい

★春《はる》の　サクラは、花《はな》が　さいて　いました。夏《なつ》に　なると、みどり色《いろ》の　はが　しげって　いました。秋《あき》には、はが　赤色《あかいろ》や、黄《き》色《いろ》に　かわり、はを　おとして　いる　木《き》も　ありました。冬《ふゆ》は、はが　すっかり　おち、えだには　めが　出《で》て　いました。生《い》きものは、きせつに　よって　ようすが　かわります。

寝《ね》る前《まえ》にもう一度《いちど》

★サクラの　木《き》は、春《はる》、夏《なつ》、秋《あき》、冬《ふゆ》と　きせつに　よって、ようすが　ちがって　いるよ。

□ 月 日
□ 月 日

★今《こん》夜《や》おぼえること

おんどくしよう

「ひっ」ガシッ!! 「ニシシ…」

(東《ひがし》)　(西《にし》)

みな 見《み》に きた!!

(南《みなみ》)　(北《きた》)

社会

ひっ
ガシッ!!
ニシシ…
うちのクラスの
きゅう食《しょく》早《はや》食《ぐ》い
チャンピオンだ!
お
ざわざわ
みな見《み》にきた!!

★今《こん》夜《や》のおさらい

★東《ひがし》，西《にし》，南《みなみ》，北《きた》などの ことばを つかって，方《ほう》い を しめす ことが できます。この 4つの 方《ほう》いを 四《し》方《ほう》い と いいます。

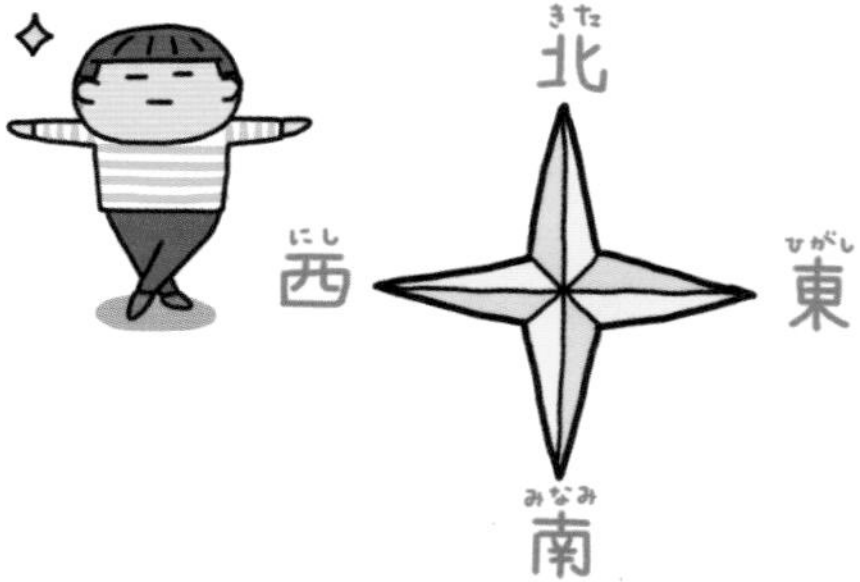

▲四《し》方《ほう》い

寝《ね》る前《まえ》にもう一度《いちど》

★「ひっ(東)」ガシッ!!「ニシ(西)シ…」
みな(南)見《み》に きた(北)!!

★今夜《こんや》おぼえること　おんどくしよう

北《きた》を　むけ！

右《みぎ》が　東《ひがし》で　左《ひだり》が　西《にし》。

★今夜《こんや》のおさらい

北《きた》を　むいた　とき、右手《みぎて》が
東《ひがし》、左手《ひだりて》が　西《にし》、せなかが
南《みなみ》を　さします。

北《きた》
西《にし》
東《ひがし》
南《みなみ》

正《ただ》しい 方《ほう》いを
しらべる ときは、
方《ほう》いじしん と
いう 道《どう》ぐを つか
います。

（ピクスタ）

寝《ね》る前《まえ》にもう一度《いちど》

北《きた》を むけ！
右《みぎ》が 東《ひがし》で 左《ひだり》が 西《にし》。

これで いつ たんけんに でかけたって だいじょうぶさ。

★今夜《こんや》おぼえること　おんどくしよう

図書《としょ》かんで

かりた　本の　数《かず》

1とうしょう！

★今夜《こんや》のおさらい

わたしたちの　町には、だれでも　本を　読《よ》んだり　かりたり　できる　図書《としょ》かん　や　地《ち》いきの　人たちが　あつまれる　公《こう》みんかん、子どもが　あつまれる　じどうかん　などの　みんなの　ための　しせつが　あります。

寝《ね》る前《まえ》にもう一度《いちど》

図書《としょ》かんで
かりた　本の　数《かず》
1とうしょう！

□ 月 日
□ 月 日

★今夜《こんや》おぼえること

おんどくしよう

日本の どこに すんでるの?

日本チーズを 見《み》て みるッチュウ!

(日本地図《ちず》)

社会

★今夜《こんや》のおさらい

日本ぜん体《たい》の　ようすを　あらわした　地《ち》図《ず》を　日本地《ち》図《ず》　といいます。

きみが すんで いる のは どこかな？

寝《ね》る前《まえ》にもう一度《いちど》

日本の どこに すんでるの？
日本チーズを
(日本地図)
見《み》て みるッチュウ！

5. 都道府県《とどうふけん》

□　月　日
□　月　日

★今夜《こんや》おぼえること　おんどくしよう

行《い》くよな？

(47)

「トドうふ」見学《けんがく》に。

(都道府県《とどうふけん》)

トド
うふ
そんなのいるの!?
見学《けんがく》行《い》こうぜ

★今夜《こんや》のおさらい

日本にはが 都《と》 、道《どう》 、府《ふ》 、県《けん》 が合《あ》わせて 47 あります。

北海道《ほっかいどう》
青森県《あおもりけん》
秋田県《あきたけん》
岩手県《いわてけん》
山形県《やまがたけん》
宮城県《みやぎけん》
新潟県《にいがたけん》
福島県《ふくしまけん》
石川県《いしかわけん》
富山県《とやまけん》
栃木県《とちぎけん》
京都府《きょうとふ》
群馬県《ぐんまけん》
大阪府《おおさかふ》
福井県《ふくいけん》
岐阜県《ぎふけん》
長野県《ながのけん》
埼玉県《さいたまけん》
茨城県《いばらきけん》
鳥取県《とっとりけん》
島根県《しまねけん》
滋賀県《しがけん》
千葉県《ちばけん》
岡山県《おかやまけん》
兵庫県《ひょうごけん》
愛知県《あいちけん》
静岡県《しずおかけん》
東京都《とうきょうと》
広島県《ひろしまけん》
奈良県《ならけん》
三重県《みえけん》
神奈川県《かながわけん》
山口県《やまぐちけん》
和歌山県《わかやまけん》
山梨県《やまなしけん》
佐賀県《さがけん》
福岡県《ふくおかけん》
大分県《おおいたけん》
愛媛県《えひめけん》
高知県《こうちけん》
長崎県《ながさきけん》
熊本県《くまもとけん》
宮崎県《みやざきけん》
徳島県《とくしまけん》
香川県《かがわけん》
鹿児島県《かごしまけん》
0 200km
鹿児島県《かごしまけん》
沖縄県《おきなわけん》

寝《ね》る前《まえ》にもう一度《いちど》…

知《し》っている 都道府県《とどうふけん》 はいくつあるかな？

行《い》くよな？
(47)

「トドうふ」見学《けんがく》に。
(都道府県)

□　月　日
□　月　日

★今夜《こんや》おぼえること　おんどくしよう

日本で 1番《ばん》

おどろいた！ ふじさん，
(富士山《ふじさん》)

びわこと，しなのが ワッ!!
(琵琶湖《びわこ》)　(信濃川《しなのがわ》)

★今夜《こんや》のおさらい

富士山《ふじさん》は、静岡県《しずおかけん》と 山梨《やまなし》県《けん》に またがる、日本一《いち》 高《たか》い 山《やま》です。琵琶湖《びわこ》は、滋賀県《しがけん》に ある 日本一《いち》 大《おお》きい 湖《みずうみ》です。信濃川《しなのがわ》は、長野県《ながのけん》・新潟県《にいがたけん》を ながれる、日本一《いち》 長《なが》い 川《かわ》です。

日本一《いち》を 3つも おぼえちゃった！

寝《ね》る前《まえ》にもう一度《いちど》

日本で 1番《ばん》
おどろいた！ ふじさん、
びわこと、しなのが ワッ!!

□ 月 日
□ 月 日

★今《こん》夜《や》おぼえること

おんどくしよう

おしたり はしったり
しちゃ ダメだ！ しゃべらず
もどらず ひなんしよう！

★今夜《こんや》のおさらい

地《じ》しんや　火じなどの　さいがいで　ひなんする　ときには、「おはしも」の　やくそくを　まもろう。

お…おさない。

は…走らない。

し…しゃべらない。

も…もどらない。

寝《ね》る前《まえ》にもう一度《いちど》

おしたり　はしったり　しちゃ　ダメだ！　しゃべらず　もどらず　ひなんしよう！

★今夜《こんや》おぼえること

おんどくしよう

家《いえ》の　外《そと》に　行《い》く　ときは

いかのおすしが　ひつようだ！

★今夜《こんや》のおさらい

家《いえ》の　外《そと》では「いかのおすし」の　やくそくを　まもろう。

いか…行《い》かない。
（知《し》らない　人《ひと》に　ついて　行《い》かない。）

の…のらない。
（知《し》らない　人《ひと》の　車《くるま》に　のらない。）

お…大声《おおごえ》を　出《だ》す。

す…すぐ　にげる。

し…知《し》らせる。
（何《なに》か　あったら　すぐに　知《し》らせる。）

寝《ね》る前《まえ》にもう一度《いちど》

家《いえ》の　外《そと》に　行《い》く　ときは
いかのおすしが　ひつようだ！

★今夜《こんや》のおさらい

点《てん》（、）は 文《ぶん》の 切《き》れ目《め》 に、

丸《まる》（。）は 文《ぶん》の おわり に つけます。

かぎ（「」）は 話《はな》した ことば（会話《かいわ》）に つけます。

れい

ぼくは 、 友《とも》だちに 話《はな》しかけた 。

「 今日《きょう》、うちで あそぼうよ。 」

寝《ね》る前《まえ》にもう一度《いちど》

文《ぶん》には 点《てん》（、） 丸《まる》（。）、

会話《かいわ》には かぎ（「」）。

会話《かいわ》の おわりに つける 丸《まる》（。）も わすれないでね。

文《ぶん》には 点《てん》(、) 丸《まる》(。)、
会話《かいわ》には かぎ(「 」)。

ぼくは、
「おいで。」
と 言《い》った。

★今夜《こんや》のおさらい

★「だれ（何《なに》）が（は）」に あたる ことばを 主語《しゅご》、
「どうする（どうした）」「どんなだ」「なんだ」に
あたる ことばを 述語《じゅつご》と いいます。

れい

・弟《おとうと》が 走《はし》る。（だれがーどうする）
・弟《おとうと》は 元気《げんき》だ。（だれはーどんなだ）
・弟《おとうと》は 一年生《いちねんせい》だ。（だれはーなんだ）

寝《ね》る前《まえ》にもう一度《いちど》

★「パンダが ねむる」、「パンダは かわいい」、
「パンダは どうぶつだ」。

いろいろな 文《ぶん》を 作《つく》って みよう！

27. だれが　どう　する（主語《しゅご》・述語《じゅつご》）

□　月　日
□　月　日

★今夜《こんや》おぼえること

おんどくしよう

「パンダが　ねむる」、

「パンダは　かわいい」、

「パンダは　どうぶつだ」。

★今夜《こんや》のおさらい

★「〜のように」「〜みたいに」などと たとえて 言《い》うことで、ようすが わかりやすくなります。

れい
・ほおが りんご のように(みたいに) 赤《あか》い。
・魚《さかな》 のように(みたいに) すいすい およぐ。

寝《ね》る前《まえ》にもう一度《いちど》

★風《かぜ》のように 走《はし》る 馬《うま》。
石《いし》みたいに かたい パン。

「〜のように」「〜みたいに」は、どちらの 文《ぶん》にも つかえるね。

26. ようすを　あらわす　ことば

□　月　日
□　月　日

おんどくしよう

★★★ 風《かぜ》のように走《はし》る馬《うま》。

石《いし》みたいにかたいパン。

★今夜《こんや》のおさらい

「つむ」と「かさねる」で「つみかさねる」のように、二《ふた》つのことばを 組《く》み合《あ》わせた ことばが あります。

れい
・木《き》を 切《き》って たおす。↓ 切《き》りたおす
・さかを かけて 下《お》りる。↓ かけ下《お》りる

寝《ね》る前《まえ》にもう一度《いちど》

つんで かさねる、「つみかさねる」。

勉強《べんきょう》は、毎日《まいにち》 つみかさねる ことが 大切《たいせつ》だよ！

★今《こん》夜《や》おぼえること

おんどくしよう

つんで かさねる、

「つみかさねる」。

ひらがなで 書《か》くと 同《おな》じ でも、
いみが ちがう ことば が あります。

れい

- 日記《にっき》を かく。
- あせを かく。
- 頭《あたま》を かく。

- ビルが たつ。
- ゆげが たつ。
- 時間《じかん》が たつ。

寝《ね》る前《まえ》にもう一度《いちど》

ズボンを はく、 ほうきで はく、 いきを はく。
同《おな》じ「はく」でも ちがう いみ。

文《ぶん》の いみを 考《かんが》えて みよう！

ズボンを　はく、ほうきで　はく、
いきを　はく。
同《おな》じ「はく」でも　ちがう　いみ。

★今夜《こんや》のおさらい

★「多《おお》い」と「少《すく》ない」のように、はんたいの
いみを あらわす ことばが あります。

れい

・新《あたら》しい 家《いえ》。 ⟺ ・古《ふる》い 家《いえ》。

・えきから 近《ちか》い。 ⟺ ・えきから 遠《とお》い。

寝《ね》る前《まえ》にもう一度《いちど》

★「多《おお》い」と「少《すく》ない」、はんたいだ。

「多《おお》くない」や「少《すく》なくない」は、はんたいの いみの ことばでは ないよ。

「多《おお》い」と「少《すく》ない」、

はんたいだ。

★今夜《こんや》のおさらい

「言《い》う」と「話《はな》す」のように、にた いみを もつ ことばが あります。

れい

・うつくしい けしきを ながめる。

＝　　　　＝

・きれいな けしきを 見《み》る。

寝《ね》る前《まえ》にもう一度《いちど》

「言《い》う」と「話《はな》す」は、にた いみだ。

「言《い》う」「話《はな》す」の ほかに、「うたえる」「つげる」「しゃべる」「語《かた》る」なども にた いみの ことばだね！

★今夜《こんや》おぼえること

おんどくしよう

「言《い》う」と「話《はな》す」は、
にた　いみだ。

★今夜《こんや》のおさらい

★「アメリカ」「シンデレラ」などの
外国《がいこく》の 国《くに》 や 人《ひと》 の 名前《なまえ》、
「ステーキ」などの 外国《がいこく》から 来《き》た ことばは、
かたかな で 書《か》きます。

れい
フランス《ふらんす》で 生《う》まれた ケーキ《けえき》。

寝《ね》る前《まえ》にもう一度《いちど》

★アメリカ、ステーキ、シンデレラ。
どれも かたかなで 書《か》く ことば。

作文《さくぶん》を 書《か》く ときは、
気《き》を つけよう。

★今夜《こんや》おぼえること

おんどくしょう

アメリカ、ステーキ、シンデレラ。

どれもかたかなで書《か》くことば。

今夜《こんや》のおさらい

「カーカー」「ワンワン」などのどうぶつの鳴《な》き声《ごえ》や、「ゴーン」「ビュービュー」などのものの音《おと》は、かたかなで書《か》きます。

れい

・牛《うし》がモーと鳴《な》く。

・戸《と》がガタガタとなる。

寝《ね》る前《まえ》にもう一度《いちど》

カーカー、ワンワン、鳴《な》き声《ごえ》だ。
ゴーン、ビューヒュー、ものの音《おと》。

ほかにも
かたかなで
書《か》く ことばを
さがして みよう！

□ 月 日
□ 月 日

★今夜《こんや》おぼえること

おんどくしよう

国語

カーカー、ワンワン、鳴《な》き声《ごえ》だ。

ゴーン、ビュービュー、ものの音《おと》。

★今夜《こんや》のおさらい

★いろいろな なかま の かん字《じ》が
あります。

れい

・一日《いちにち》…朝《あさ》－昼《ひる》－夜《よる》

・きせつ…春《はる》－夏《なつ》－秋《あき》－冬《ふゆ》

・方角《ほうがく》…東《ひがし》－西《にし》－北《きた》－南《みなみ》

寝《ね》る前《まえ》にもう一度《いちど》

★「赤《あか》」「黒《くろ》」「黄《き》」「茶《ちゃ》」、色《いろ》の なかまの
かん字《じ》だよ。

ほかにも なかまの かん字《じ》を
さがして みよう！

★今夜《こんや》おぼえること

おんどくしよう

国語

「赤《あか》」「黒《くろ》」「黄《き》」「茶《ちゃ》」、

色《いろ》のなかまのかん字《じ》だよ。

★今夜《こんや》のおさらい

二《ふた》つのかん字《じ》でできている ことばの いみは、
それぞれの かん字《じ》の いみから わかります。

れい

・子牛《こうし》…子《こ》どもの 牛《うし》。

・春風《はるかぜ》…春《はる》の 風《かぜ》。

・新年《しんねん》…新《あたら》しい 年《とし》。

・近道《ちかみち》…近《ちか》い 道《みち》。

・歌声《うたごえ》…歌《うた》う 声《こえ》。

・売店《ばいてん》…売《う》る 店《みせ》。

寝《ね》る前《まえ》にもう一度《いちど》

「南国《なんごく》」は「南《みなみ》の 国《くに》」、
「海水《かいすい》」は「海《うみ》の 水《みず》」。

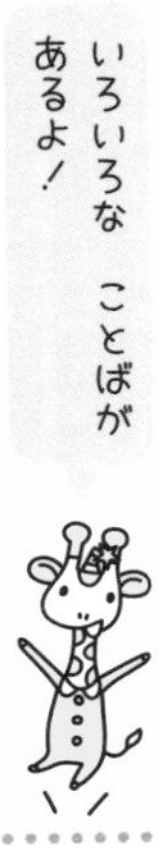
いろいろな ことばが あるよ！

★今夜《こんや》おぼえること

おんどくしよう

「南国《なんごく》」は「南《みなみ》の国《くに》」、「海水《かいすい》」は「海《うみ》の水《みず》」。

国語

★今夜《こんや》のおさらい

★★かん字《じ》の あとに つづく おくりがな によって、かん字《じ》の 読《よ》み方《かた》や いみが はっきりします。

れい

・細《ほそ》い 道《みち》。

・細《こま》かい ごみ。

・勉強《べんきょう》を 教《おし》える。

・勉強《べんきょう》を 教《おそ》わる。

寝《ね》る前《まえ》にもう一度《いちど》

★★「通《とお》る」と「通《かよ》う」、おくりがなで 読《よ》み方《かた》 わかる。

かん字《じ》と おくりがなを
しっかり おぼえよう！

★今夜《こんや》おぼえること

おんどくしよう

「通《とお》る」と「通《かよ》う」、

おくりがなで 読《よ》み方《かた》 わかる。

国語

★今夜《こんや》のおさらい

いみやつかい方《かた》がちがうかん字《じ》でも、同《おな》じ読《よ》み方《かた》をするものがあります。

れい

こう
- 学《がっ》校《こう》
- 公《こう》園《えん》
- 工《こう》場《じょう》

とう
- 先《せん》頭《とう》
- 当《とう》番《ばん》
- 回《かい》答《とう》

寝《ね》る前《まえ》にもう一度《いちど》

教室《きょうしつ》で 勉強《べんきょう》！ 公園《こうえん》へ 遠足《えんそく》！

かん字《じ》の 読《よ》み方《かた》 同《おな》じだね。

正《ただ》しく
つかい分《わ》けよう！

★今夜《こんや》おぼえること

おんどくしよう

教室《きょうしつ》で 勉強《べんきょう》！ 公園《こうえん》へ 遠足《えんそく》！

かん字《じ》の 読《よ》み方《かた》 同《おな》じだね。

★今夜《こんや》のおさらい

★★★ いろいろな読《よ》み方《かた》のあるかん字《じ》は、ことばによって ちがう 読《よ》み方《かた》をします。

れい

話

・電《でん》話《わ》をする。

・先生《せんせい》と 話《はな》す。

・おもしろい 話《はなし》。

家

・四人《よにん》 家《か》族《ぞく》

・大《おお》きな 家《いえ》。

・空《あ》き家《や》に なる。

寝《ね》る前《まえ》にもう一度《いちど》。

★★★ 気楽《きらく》に 音楽《おんがく》、楽《たの》しもう。

「家」には「家来《けらい》」と いう 読《よ》み方《かた》も あるよ。

気《き》楽《らく》に 音《おん》楽《がく》、楽《たの》しもう。

★今《こん》夜《や》おぼえること

おんどくしよう

★今夜《こんや》のおさらい

★★ 二《ふた》つ いじょうの ぶぶんを 組《く》み合《あ》わせて できている かん字《じ》が あります。

れい

・口 ＋ 鳥 ↓ 鳴《めい》

・糸 ＋ 会 ↓ 絵《え》

・山 ＋ 石 ↓ 岩《いわ》

・田 ＋ 力 ↓ 男《おとこ》

・立 ＋ 木 ＋ 見 ↓ 親《おや》

寝《ね》る前《まえ》にもう一度《いちど》

★★「日《ひ》」と「月《つき》」を、組《く》み合《あ》わせたら「明《あか》るい」に！

左《ひだり》と右《みぎ》、上《うえ》と下《した》などで組《く》み合《あ》わされるんだね。

「日《ひ》」と「月《つき》」を、
組《く》み合《あ》わせたら「明《あか》るい」に！

★今夜《こんや》のおさらい

かん字《じ》には、同《おな》じ ぶぶんを もつ ものが あります。

れい

・村 林 校 森《もり》

・門 聞 間《あいだ》

・園 図《ず》 国

・絵 紙《かみ》 線 細

・話 読 語《ご》 記

寝《ね》る前《まえ》にもう一度《いちど》

「雲《くも》」「雪《ゆき》」「電《でん》」、「雨《あめ》」の ぶぶんが 同《おな》じだよ。

ほかにも 同《おな》じ ぶぶんを もつ かん字《じ》を さがして みてね。

★今夜《こんや》おぼえること

おんどくしよう

国語

「雲《くも》」「雪《ゆき》」「電《でん》」、「雨《あめ》」の ぶぶんが 同《おな》じだよ。

★今夜《こんや》のおさらい

かん字《じ》の書《か》き方《かた》のきまったじゅんじょのことを書《か》きじゅん（ひつじゅん）といいます。

れい

丸…ノ 九 丸

半…丶 丷 䒑 兰 半

光…丨 丨丨 ⺌ 业 业ノ 光

寝《ね》る前《まえ》にもう一度《いちど》

かん字《じ》を書《か》く、きまったじゅんじょが書《か》きじゅんだ。

書《か》きじゅんどおりに書《か》いてね！

12. 書《か》きじゅん

□ 月 日
□ 月 日

★今夜《こんや》おぼえること

おんどくしょう

かん字《じ》を書《か》く、きまった
じゅんじょが書《か》きじゅんだ。

★今夜《こんや》のおさらい

★かん字《じ》を ひとつづきに書《か》く線《せん》や点《てん》を画《かく》、画《かく》の数《かず》を画数《かくすう》と いいます。

れい

引…四画《よんかく》　台…五《ご》画《かく》

母…五《ご》画《かく》　考…六《ろっ》画《かく》

画…八《はっ》画《かく》　記…十《じっ》画《かく》

寝《ね》る前《まえ》にもう一度《いちど》

★「山《やま》」という かん字《じ》の 画数《かくすう》、三画《さんかく》だ。

ゆびで なぞって たしかめよう！

★今夜《こんや》おぼえること

おんどくしよう

国語

「山《やま》」と いう かん字《じ》の 画数《かくすう》、

三画《さんかく》だ。

今夜《こんや》のおさらい

強

おん　キョウ（ゴウ）

くん　つよい　つよまる　つよめる　（しいる）

ㇷ コ 弓 弘 弘 弘 弘 弘 弘 強 強

・強弱《きょうじゃく》

・強風《きょうふう》

・強火《つよび》で　にこむ。

・力《ちから》が　強《つよ》い。

雲

おん　ウン

くん　くも

一 厂 冖 币 币 币 雨 雨 雨 雪 雪 雲 雲

・山《やま》の　ちょう上《じょう》から　雲海《うんかい》を　ながめる。

・黒《くろ》い　雨雲《あまぐも》。

寝《ね》る前《まえ》に　もう一度《いちど》

弓《ゆみ》を　もち、ムちゃくちゃ
虫《むし》くん　気《き》が　強《つよ》い。

雨《あめ》二　なります。
ムくむく　黒《くろ》い　雲《くも》。

「弱《よわ》い」も　いっしょに　おぼえよう。

★今夜《こんや》おぼえること

おんどくしよう

弓《ゆみ》をもち、
ムちゃくちゃ
虫《むし》くん
気《き》が強《つよ》い。

雨《あめ》ニなります。
ムくむく
黒《くろ》い雲《くも》。

国語

★今夜《こんや》のおさらい

★★ 牛

おん ギュウ
くん うし

ノ 𠂉 𠂉 牛

・牛肉《ぎゅうにく》 ・牛《ぎゅう》にゅう
・牛《うし》小屋《ごや》の そうじ。
・子牛《こうし》が 生《う》まれる。

☾ 台

おん ダイ タイ
くん ―

𠃋 ム 𠫓 台 台

・台所《だいどころ》 ・ふみ台《だい》
・家《いえ》の 土台《どだい》を 作《つく》る。
・台風《たいふう》が 来《く》る。

寝《ね》る前《まえ》にもう一度《いちど》

★★ ノはら二 |本《いっぽん》 くいを うとう。牛《うし》の いる ぼく場《じょう》。

☾ ムりな こと、口《くち》に 出《だ》すなよ、高台《たかだい》で。

★今夜《こんや》おぼえること

おんどくしよう

国語

ノはら二|本《いっぽん》
くいをうとう。
牛《うし》のいる
ぼく場《じょう》。

ムりなこと、
口《くち》に出《だ》すなよ、
高台《たかだい》で。

★今夜《こんや》のおさらい

同

おん ドウ
くん おなじ

丨冂冂冂冋同

・同学年《どうがくねん》

・同時《どうじ》

・同点《どうてん》で引《ひ》き分《わ》けだ。

・同《おな》じ大《おお》きさ。

分

おん ブン フン ブ
くん わける わかれる わかる わかつ

ノ八分分

・自分《じぶん》

・五分《ごふん》

・分《ぶ》あつい本《ほん》。

・二《ふた》つに分《わ》ける。

寝《ね》る前《まえ》にもう一度《いちど》

★ ふた（冂）をあけ、一口《ひとくち》食《た》べたら、同《おな》じあじ。

☾ ハッと刀《かたな》で分《わ》けるのだ。

何度《なんど》も となえて おぼえよう。

□　月　日
□　月　日

★今夜《こんや》おぼえること

おんどくしょう

国語

ふた（冂）を
あけ、一口《ひとくち》
食《た》べたら、
同《おな》じ あじ。

おばあちゃんの
つけものと
同《おな》じ あじだ！
同

ハッと 刀《かたな》で
分《わ》けるのだ。

ハッ
分

★今夜《こんや》のおさらい

用

おん ヨウ
くん もちいる

ノ 冂 月 月 用

・国語用《こくごよう》のノート。
・画用紙《がようし》を買《か》う。
・道具《どうぐ》を用《もち》いる。

寝《ね》る前《まえ》にもう一度《いちど》

月《つき》に 一《ひと》つ、用《よう》が ある。

内

おん ナイ (ダイ)
くん うち

丨 冂 内 内

・校内《こうない》 ・市内《しない》
・国内《こくない》をたびする。
・内《うち》がわを見《み》る。

ふた(冂) あけて、人《ひと》が 内《うち》がわ のぞいてる。

「内《うち》」の はんたいは、「外《そと》」だよ。

□　月　日
□　月　日

★月《つき》に1《ひと》つ、
用《よう》がある。

☾ふた（冂）あけて、
人《ひと》が内《うち》がわ
のぞいてる。

★今夜《こんや》のおさらい

春

おん シュン
くん はる

一 二 三 丰 夫 𡗗 𡗗 春 春

・春分《しゅんぶん》の 日《ひ》

・あたたかい 春風《はるかぜ》。

・春休《はるやす》み に なる。

朝

おん チョウ
くん あさ

一 十 十 古 古 古 直 卓 𣈆 朝 朝 朝

・朝食《ちょうしょく》 ・早朝《そうちょう》

・朝日《あさひ》を 見《み》る。

・毎朝《まいあさ》 早起《はやお》き する。

寝《ね》る前《まえ》にもう一度《いちど》

★ 三人《さんにん》 ぽかぽか 日《ひ》なた ぼっこ、春《はる》は ねむいね。

☾ 十《じっ》この いちご 早《はや》く 食《た》べる 月曜《げつよう》の 朝《あさ》。

書《か》いて れんしゅうして みてね！

★今夜《こんや》おぼえること

おんどくしよう

三人《さんにん》ぽかぽか
日《ひ》なたぼっこ、
春《はる》はねむいね。

十《じっ》このいちご
早《はや》く食《た》べる
月曜《げつよう》の朝《あさ》。

妹

おん（マイ）
くん いもうと

・妹《いもうと》とあそぶ。
・妹《いもうと》思《おも》いの兄《あに》。
・姉《あね》と妹《いもうと》。

親

おん シン
くん おや したしい したしむ

・親《しん》せき・親切《しんせつ》
・馬《うま》の親子《おやこ》。
・親《した》しい友《とも》だち。

寝《ね》る前《まえ》にもう一度《いちど》

女《おんな》の子《こ》、一人《ひとり》で
木《き》のそば、妹《いもうと》だ。

立《た》って木《き》を見《み》る
ぼくの親《おや》。

「家族《かぞく》」の なかまの かん字《じ》だね。

□　月　日
□　月　日

女《おんな》の子《こ》、一人《ひとり》で
木《き》の そば、妹《いもうと》だ。

立《た》って
木《き》を 見《み》る
ぼくの 親《おや》。

★今夜《こんや》のおさらい

会

おん カイ（エ）
くん あう

ノ 𠆢 亼 亼 会 会 会

・会社《かいしゃ》
・音楽会《おんがくかい》
・会話《かいわ》が はずむ。
・友《とも》だちに 会《あ》う。

話

おん ワ
くん はなす はなし

、 亠 亠 亠 言 言 言 言 言 訐 訐 話 話

・会話《かいわ》
・童話《どうわ》
・よく 話《はな》し合《あ》う。
・昔《むかし》話《ばなし》

寝《ね》る前《まえ》にもう一度《いちど》

やね（へ）で 二いさん ムしに 会《あ》う。

言《い》おう、千《せん》びきの ロバの 話《はな》を。

たくさん おぼえたね！

やね（ヘ）で
二いさん
ムしに
会《あ》う。

言《い》おう、
千《せん》びきの
ロバの
話《はなし》を。

★今夜《こんや》のおさらい

原

おん ゲン
くん はら

一 厂 厂 厂 厂
戸 盾 厚 原 原

・けがの原《げん》いん。

・原《げん》こう用《よう》紙《し》

・草原《そうげん》

・原《はら》っぱ

寝《ね》る前《まえ》にもう一度《いちど》

がけ〔厂〕の下《した》、白《しろ》い
小《ちい》さな花《はな》さく野原《のはら》。

「そうげん」は「くさはら」とも読《よ》むよ。

公

おん コウ
くん （おおやけ）

ノ 八 公 公

・公園《こうえん》であそぶ。

・お話《はなし》の主人《しゅじん》公《こう》。

・公平《こうへい》に分《わ》ける。

ハム、公園《こうえん》で
いただきます。

□　月　日
□　月　日

★今夜《こんや》おぼえること

おんどくしよう

★

がけ（厂）の下《した》、
白《しろ》い小《ちい》さな
花《はな》さく野《の》原《はら》。

☾

ハム、公園《こうえん》で
いただきます。

今夜《こんや》のおさらい

社

おん シャ
くん やしろ
、ラネネネ一社社

・すみやすい 社会《しゃかい》。
・元気《げんき》な 社長《しゃちょう》。
・会社《かいしゃ》に 行《い》く。

寝《ね》る前《まえ》にもう一度《いちど》

ネえさん、土曜日《どようび》 会社《かいしゃ》は 休《やす》み。

国

おん コク
くん くに
丨冂冂冂冂国国国

・国語《こくご》
・外国《がいこく》
・南国《なんごく》のしま。
・雪国《ゆきぐに》の冬《ふゆ》。

ふた（冖）とると、玉《たま》が 一《ひと》つ。国《くに》の たからもの。

口の 中《なか》は「王《おう》」では ないよ。

★ ネえさん、
土《ど》曜《よう》日《び》
会《かい》社《しゃ》は休《やす》み。

☾ ふた（□）とると、
玉《たま》が一《ひと》つ。
国《くに》のたからもの。

★今夜《こんや》のおさらい

少

おん ショウ

くん すくない すこし

亅 亅 小 少

- かわいい 少女《しょうじょ》。
- 人数《にんずう》が 少ない《すくない》。
- 少し《すこし》 食《た》べる。

多

おん タ

くん おおい

ノ ク タ 夕 多

- 多数《たすう》の 人《ひと》。
- 多少《たしょう》 おくれる。
- 数多く《かずおおく》の 絵本《えほん》。

寝《ね》る前《まえ》にもう一度《いちど》

小鳥《ことり》を ノートに かく 少年《しょうねん》。

タッタッと 多《おお》くの 人《ひと》が やって きた。

「多《おお》い」の はんたいは、「少《すく》ない」だよ。

小鳥《ことり》をノートに
かく少年《しょうねん》。

タッタッと
多《おお》くの人《ひと》が
やってきた。

国語《こくご》は
こちらがわから
はじまるよ!

編集協力：有限会社オフサイド，鈴木瑞穂，長谷川千穂，有限会社マイプラン（近田伸夫，岩﨑麻子）

表紙・本文デザイン：山本光徳
本文イラスト：山本光徳，まつながみか，松尾達，イケウチリリー，東山昌代，
さやましょうこ（マイプラン），森木ノ子
DTP：株式会社明昌堂　データ管理コード：23-2031-2742（CC2018／2021）
図版：木村図芸社，ゼム・スタジオ，株式会社アート工房

※赤フィルターの材質は「PET」です。

◆この本は下記のように環境に配慮して製作しました。
・製版フィルムを使用しないCTP方式で印刷しました。
・環境に配慮して作られた紙を使用しています。

寝る前5分 暗記ブック 小2

⑧